AF262475

IDÉES CIVIQUES

CONCERNANT

QUELQUES BEAUTÉS, DÉFAUTS, ERREURS,
ERRATA, CORRECTIONS, THÉORIES et PRA-
TIQUES DE PLUSIEURS ;

COINCIDENCES, PRODUCTIONS, CIRCONSTANCES,
OPÉRATIONS ;

Et de quelques Principes, Essais ou Systèmes tant
accueillis que repoussés, tant admis que rejetés
daas plusieurs États et Gouvernemens représen-
tatifs, et dans plusieurs Chambres, Assemblées
ou Corporations électives.

LIBERTAS nulla est melior major ve POTESTAS
Quàm servire DEO ; cui benè servit amor
Anthol. sac. Juc. Belly.

VERITAS sola LIBERAT, sola salvat, sola lavat.
Augustinus.

LIBERTAS vera per Christum.
Juxtà Johannem et Paulum.

Sola apud DEUM LIBERTAS est non servire peccatis.'
Summa apud DEUM nobilitas, clarum esse vir-
tutibus. Hieronymus.

Comme les sages du paganisme se demandaient, avant ou après Horace,
à quoi servent les lois sans les mœurs, les hommes raisonnables d'un
peuple ou d'un pays chrétien ne peuvent-ils pas s'entre-dire à quoi sert
une liberté, toujours indigne de ce beau nom quand elle marche avec une
impudence licencieuse, brutale, menaçante et tyrannique, sans la moindre
escorte de sagesse, de bienveillance et de concorde, sans amour de l'ordre
et de la justice ? C. G. T**

AU HAVRE,

CHEZ Mme. CHAPELLE, LIBRAIRE, RUE DE PARIS.

1832.

AVIS.

Ce mince cahier de deux feuilles ou 34 pages in-8°, forme une espèce d'annonce ou d'introduction de quelques opuscules plus considérables: l'auteur a fait la plus grande partie des avances typographiques, en attendant que de bizarres obstacles et délais dont, grâces à Dieu, nul ne provient d'aucune autorité civile ou militaire, permettent d'en tenter une publicité par laquelle, vu les nouveaux revers dont il n'a point l'enfantillage de se plaindre, il pourrait en tout honneur recouvrer quelque portion des pertes et dépenses causées par des accidens et des malentendus, dont aucun n'est venu de sa faute, et qui lui ont fait manquer les opportunités les plus favorables au succès, capable d'honorer ses vœux, efforts et plans du bien public, et de le dédommager en partie de ses travaux et de ses avances.

Quant au présent imprimé, voici comment l'auteur en propose la vente aux libraires qui voudront s'en charger:

1°. Un tiers pour eux du produit net; car l'auteur se charge de tous frais préliminaires, sans excepter les dépenses de brochure par lesquelles il ne veut pas diminuer son faible don;

2°. Un tiers pour les pauvres malades attaqués du choléra-morbus ou d'autres infirmités graves, dont ils soumettront le choix à MM. leurs sous-préfets ou leurs maires;

3°. Un tiers aux gérans, actionnaires et principaux intéressés, directeurs ou rédacteurs des feuilles publiques et périodiques de toutes couleurs ou toute opinion, qui ont subi des amendes ou réclusions, que ma faible intelligence ne peut concilier avec la liberté de la presse, pour la sagesse et la sûreté de laquelle il est, à ce que je crois, de meilleurs moyens de pourvoir, sans favoriser la licence et le désordre.

Quant au présent imprimé, dont je me rends seul garant avec la sécurité d'un citoyen qui n'a jamais blessé la société, les lois ni les convenances, et, grâces à Dieu, pourvu d'une prudence qui n'est pas faiblesse ni duplicité, d'un courage qui n'est pas brusquerie ni témérité, d'un patriotisme jamais trompeur, servile, offensif ni flagorneur envers les autorités, les classes, les coopérateurs, les familles et les individus: je m'en rends seul garant, conformément aux lois de l'honneur et de la bonne foi, de même qu'à l'impulsion de ma conscience.

La sagacité de mes lecteurs (si j'en ai) rectifiera les omissions qui pourraient m'échapper dans le complément d'*errata* qui termine la présente page.

Page 19, au premier alinéa de la note, parmi les lignes de points qui remplacent une lacune volontaire, j'aurais dû laisser les lignes où je conseillais à certaine jeunesse la lecture de *la Gaule poétique* de M. de Marchangy, et de son *Tristan le Voyageur*.

Page 20, au second alinéa de la note, ligne 2 en remontant, *même fondée,* lisez *mieux fondée.*

Même alinéa, ligne 4 en remontant, *qu'à une*, lisez *qu'à ma*.

Page 21, ligne 3 du texte en remontant, *depuis*, lisez *dès*.

Page 23, ligne 4 du texte en remontant, *ouvrages* lisez *outrages*.

Même page, au second alinéa de la note, lisez *Nicole* au lieu de *Nicolas*.

Page 24, à la note, *sporaculum*, lisez *spiraculum*.

Page 32, au bas, ligne 4 en remontant, après *sublimes*, ajoutez *pathétiques,*

ERRATUM

DE L'INCIDENT

*Survenu le 6 juillet 1831, au Collége électoral du Havre,
imprimé dans cette ville le lendemain, jour anniversaire du Vicomte* DE TOUSTAIN-RICHEBOURG, *né le
7 juillet* 1746.

Ce mince écrit remplit quatre pages in-8°. faites en petits
caractères serrés. L'auteur n'en a point voulu permettre l'éta-
lage ni la vente, mais en a distribué gratuitement plusieurs
centaines d'exemplaires à des auditeurs, collègues et autres
bons Français qu'il a remerciés tant de leurs encourageans
et gracieux suffrages, que de leurs sévères et lumineuses critiques. Plusieurs l'ont félicité de ne pas céder le champ de
bataille sans quelques efforts pour s'y maintenir, tout en
respectant les puissans motifs et les nobles sentimens de déli-
catesse qui font exception pour quelques-uns des hommes
très-estimables qui croient devoir se soustraire à cette sorte
de lice ou de lutte. D'autres l'ont complimenté d'avoir profité des seules occasions et des meilleurs moyens accordés à
ses concitoyens pour s'entre-connaître, s'entr'éclairer, s'entre-
concerter afin de comprimer les effets périlleux de certaines
vociférations désorganisatrices échappées dans certains clubs
extra-constitutionnels dont l'exclut son éloignement notoire
de toute menace, prétention, présomption, duplicité, cabale
ou sédition. Dans un cas-d'éclaircissement utile ou convenable à manifester en face de cinq à six cents confrères aussi
bien intentionnés, mais plus instruits et plus sages que lui,
jamais il ne s'est astreint à garder l'absolu silence qui ressem-
blerait au mutisme du sénat ou du tribunat corse-impérial,
peut-être même de ces espèces d'esclaves ottomans, dispo-
nibles à porter le cordon fatal à d'autres esclaves splendide-
ment titrés, qui leur tendent le cou pour se laisser étrangler.

Mais arrivons à notre ERRATA *de l'Incident.*

Page 1re., ligne dernière, *entre* jusqu'aux *et* apparences,
ajoutez moindres.

Page 2, ligne 2 de l'annonce de l'addition, *au lieu de* son,
lisez le.

Même page 2, ligne 3 de cette annonce ou addition, *au lieu* d'affaires, *lisez* d'assemblées.

Encore même page 2, au dernier alinéa, *entre* interprétations *et* falsifications, *ajoutez* interpolations.

Même page 2, lig. 4 et 5 en remontant, *lisez ainsi :* pour soustraire aux agens féroces du fanatisme révolutionnaire, deux saints martyrs (le savant abbé de Chapt, son oncle, et l'éloquent père Lenfant) a-t-on pu, etc.

Page 4, lignes 4 et 6 de l'avant-dernier alinéa, *après le mot* gravité, *lisez ainsi :* les puissans motifs et les nobles sentimens qui, etc.

Même page 4, ligne 4 en remontant, *mettez* le titre de comte avant le nom du général Pajol, et immédiatement *après* ce nom, *mettez* pour *au lieu de* par. Depuis l'impression de cet *Incident*, j'ai reçu, sans les demander ni chercher, quelques reproches sur son compte, desquels je ne puis être vérificateur ni juge. Il ne se souvient pas de moi, mais je n'ai pas oublié le bon accueil que j'en reçus en 1808 dans une rencontre fortuite, dont ce général et le maréchal de France, son beau-père, ne peuvent se souvenir aussi bien que moi. Je ne les ai pas revus depuis, et je saisis la première occasion de les remercier. J'ose aussi les assurer que je n'eus jamais l'injustice ni la fatuité de confondre les justes et nobles enjambemens qu'une grande vaillance, de grands services et de grands talens ont procurés dans les différentes distinctions et gradations de la société militaire, politique et civile, avec les succès ou renommées équivoques ou contestables de certains parvenus d'intrigue, de servilisme ou de révolutionisme.

Vu le dévouement loyal et fidèle de Monseigneur le maréchal duc de Reggio, aux deux rois légitimes que la Providence nous avait rendus, vu son second mariage avec une demoiselle du sang et du nom de Couci, et vu l'excuse fournie aux regrets d'une partie de l'ancienne chevalerie française, par ceux qu'il témoigna lorsqu'il se crut dépouillé d'un titre, selon moi très-inférieur à la supériorité que ses exploits et sa conduite attachent à son nom propre, il est à mes yeux l'un des Français les plus propres à cimenter l'unité de noblesse,

la réciprocité d'égards, l'égalité, la proportion , la fraternité
des rapports entre les anciennes et les nouvelles illustrations.

Si j'étais en situation de me faire entendre, je retracerais
ici l'exposé des motifs et des moyens qui m'ont semblé propres
à rendre utile et chère aux citoyens tant soit peu raisonnables
de toutes les classes , l'antique et l'universelle institution de la
noblesse héréditaire, et même d'en établir, pour certaines
places et certains cas , des preuves héraldiques, encore passablement reculées, authentiques et suffisantes , malgré les
terribles ravages opérés (dans une si grande quantité de dé-
pôts conservateurs, tant privés que publics) par les furibonds
ultra-vandales de la révolution désorganisatrice, pillarde ,
hypocrite, embastillante, iconoclaste , brutale, parjure et
massacrante.

Facit indignatio verbum.

Ceux qui d'après la franchise ou la véhémence avec laquelle
je me permets d'exprimer une extrême répugnance à certains
excès, une inconcevable aversion des choses qui me paraissent
funestes ou criminelles, ceux-là, dis-je, tomberaient dans une
grande erreur, s'ils m'imputaient un fiel misanthropique, s'ils
me soupçonnaient d'étendre mon antipathie jusque sur les
hommes qui, pourvus de bonnes actions, maximes et qualités sur d'autres points, auraient le malheur de se laisser
aller aux séductions subtiles et trompeuses qui, surtout en
temps de révolution, ne cessent d'aveugler tant d'esprits et
d'égarer tant de cœurs dont la société aurait tiré tant d'avantages dans des jours de calme et de bon ordre.

Mes efforts pour me garantir du vice et de l'erreur seraient
méprisables, ou deviendraient nuls s'ils ne me préservaient
de toute haine contre le prochain. Jamais, grâces au Dieu
de bonté qui me les prescrit, me les inspire ou me les accorde ; jamais, dans les formes ou proportions convenables
aux règles de la société, il ne m'arrive de manquer sciem-
ment et volontairement à l'universelle, mutuelle et frater-
nelle politesse et bienveillance que s'entre-doivent tous les
faibles mortels. Aucun homme , muni de la plus légère dose
de réflexion, de civilisation, d'éducation, ne doit ignorer
qu'après l'amour et la reconnaissance de ses bienfaits avant

toutes choses, c'est le plus exprès des commandemens que le Père Tout-Puissant a daigné imposer à la plus sensible et la plus intelligente de ses créatures à nous connues.

Si j'avais été revêtu du caractère sacerdotal, et si j'avais reçu l'ordre ou la permission d'exhorter jusque sur l'échafaud l'infâme et l'atroce Robespierre, certes mes émotions n'auraient pas été les mêmes que celles que j'aurais éprouvées auprès des augustes victimes qu'il y avait fait périr ; mais sans présomption, comme sans détour, j'avouerai bonnement qu'il me semble que, malgré l'horreur naturelle à l'aspect et surtout à l'approche d'un tel scélérat, j'aurais encore obtenu de la bonté divine les secours et la force nécessaires pour lui démontrer, avec autant d'attendrissement ou d'onction que d'évidence et d'énergie, la justice infaillible et redoutable en même temps que la clémence inépuisable de l'universel, adorable et souverain-juge, père, maître, gouverneur et modérateur de tout ce qui existe. Malgré les affreux travers et les désolans paralogismes de l'impiété passagèrement victorieuse en apparence des leçons, des preuves et des secours tant de la raison naturelle que de la religion révélée, il est encore très-rare de voir des scélérats assez endurcis dans la sottise et le crime pour rejeter toute assistance ou consolation de l'exhortateur instruit, pieux et compatissant que la justice humaine peut et doit leur accorder au moins dans le trajet du cachot à l'échafaud, afin de leur conserver ou leur rendre le dernier secours chrétien, le salutaire et dernier refuge d'une fin consolatrice et fortifiante, d'un reste de la plus haute espérance au pardon céleste.

On a fait à la tribune le triage de quelques grandes utilités et grandes vertus, apparaissantes comme de rares, brillantes et salubres comètes dans la nuit des crimes et des folies révolutionnaires. Mais les progrès du temps qui ralentit tôt ou tard les fougues d'une impétuosité populaire, à plus forte raison celles des cabales tumulteuses et populacières, le résultat des plus affreux événemens à la suite des plus belles promesses ou des plus insensés délires, la force et l'évidence des meilleurs livres, pamphlets et journaux

que les plus éloquens, les plus profonds écrivains osent
opposer aux productions de l'erreur et du naufrage, finissent
par éclairer ou dessiller des multitudes long-temps aveuglées
ou fascinées, et par comprimer ou tempérer même ceux des
séducteurs qui n'ont encore pu se convertir, et dont, pour
mon propre compte, je suis loin de désespérer. Car si,
comme à beaucoup de Français, d'ailleurs beaucoup meilleurs que moi sous tous les rapports, il m'arrivait de tour-
ner un simple trait de prudence, réserve, prévoyance ou
précaution en défiance excessive, répugnance ou refus de
croire à la possibilité des conversions, je tomberais, comme
je l'ai dit ailleurs, dans le fâcheux inconvénient de ne pouvoir plus faire ni voir faire de Pâques. Ainsi je crois que
tous les chrétiens, habitans de l'illustre et vaste contrée
naguères encore titrée ou surnommée TRÈS-CHRÉTIENNE,
peuvent encore y chanter, sans affectation ni tiédeur, avant,
pendant et après les jours de l'Avent, ces délicieux versets :
*Rorate cœli. — Non irascaris Domine. — Sion deserta est.
Peccavimus et facti sumus tanquàm immundi. — Vide, Domine, afflictionem populi tui..... consolamini, consolamini.*

. . . .

. . . .

————————◆————————

A Monsieur le Comte DE *L. B., allié de ma première
épouse, petit-neveu paternel de feu le Marquis* DE *L. B.,
qui a présidé, par élection, l'ordre de la noblesse aux
États de Bretagne, et fils d'un militaire dont j'avais eu
l'honneur d'être le camarade aux carabiniers comme aux
carosses du Roi, dans un temps où cette dernière préro-
gative (nullement coûteuse au fisc ou au peuple) servait
à nourrir ou conserver, chez ceux qui l'obtenaient ou la
recherchaient, une émulation salutaire à toutes les ins-
titutions, à toutes les classes de la société française.*

J'espérais, Monsieur le Comte, vous faire parvenir par
occasion (huit jours après notre dernière entrevue) des
étrennes un peu supérieures à ces faibles VUES D'UN FRANÇAIS,

dont vous avez bien voulu recevoir de ma main l'exemplaire que vous honorez d'une place dans votre riche bibliothèque. Je tâcherai, Monsieur, de recouvrer et d'y joindre les cahiers postérieurs qui leur ont successivement servi d'éclaircissement et d'appui. Vous y trouverez, Monsieur, quelques pages d'un certain intérêt sur la topographie, l'archéologie, la statistique de la contrée dont la respectable mère de M. votre père était originaire et native, comme la mère de mes enfans l'était de notre chère Bretagne, à laquelle mon premier mariage m'avait affilié sans me détacher d'aucun bon Français originaire, natif ou domicilié dans quelque partie que ce soit du territoire de notre bien-aimée patrie.

Dans la partie historique de plusieurs communes urbaines et rurales du pays de Caux, n'étaient pas négligées les recherches les plus possibles ni les conjectures les plus plausibles sur quelques particularités singulières, telles que la *Scie d'Harfleur*, espèce de cavalcade ou promenade bachique dérivée partie d'anciennes traditions belliqueuses qui remontent jusqu'à l'époque des croisades, partie de réunions joviales et décentes commencées dans le 16e. siècle, tant au passage du roi François Ier. qu'à celui d'un seigneur de Brissac qui avait fait chérir son commandement, partie d'une portion des orgies du carnaval. Nos dissertateurs révolutionnaires, sans se donner la peine de chercher, déchiffrer ni compulser les vieux imprimés et vieux manuscrits dont j'avais quelques-uns à ce sujet, ont imaginé qu'il y avait des anguilles sous roche, c'est-à-dire, quelque mystère, malice ou danger de féodalité ; en conséquence, la bourgeoisie du premier rang, qui presque toujours, avant 1789, s'empressait d'entrer dans ces réunions décentes et cordiales, qui même y invitait quelques gentilshommes dont elle ne recevait que réciprocité d'égards, a laissé, depuis la révolution, presque toutes les places aux personnes du plus petit état, lesquelles, malgré les doctrines officielles de la souveraineté populaire et du nivellement absolu, se piquant d'honneur au rabaissement de cette gloriole, dédaignent souvent à leur tour de s'y présenter, en sorte que cette espèce de promenade annuelle paraît menacée de

tomber tout-à-fait en oubli ou désuétude. . . . . . .
. . . .
. . . .
. . . . Dès 1766, 1771, 1776, 1777, 1784,
dans plusieurs écrits, recueils et journaux, entr'autres dans
l'Encyclopédie méthodique et le Journal encyclopédique, je
croyais prouver aux plus ardens amateurs de l'égalité portée
jusqu'à la confusion, de la liberté poussée jusqu'à la licence, que la plus nombreuse portion du peuple français,
alors dénommée *tiers-état*, se partageait en quantité de
classes ou de fractions ayant entr'elles plus de différence
ou de distance qu'il n'en existait entre le gros de la noblesse et les notabilités bourgeoises, entre le haut et le bas
clergé, entre le gentilhomme de mince fortune, de grade
subalterne, ou modestement domicilié soit à la ville, soit
à la campagne, et le duc et pair ministre ou général.

Nos frères et concitoyens nobles ou non nobles, cita-
dins ou ruraux, ecclésiastiques ou laïques (en ne parlant
ici que de ceux d'une opinion contraire à la mienne sur
certaines théories morales ou métaphysiques,) n'ont pas tardé
à gémir et se repentir de leurs premières adhésions aux
séductions et aux systèmes d'où sont éclos les naufrages
et les volcans qui ont noyé et brûlé la téméraire et belli-
queuse France et tant d'autres états qu'elle prétendait ré-
générer et rénationaliser, pendant qu'elle se dénaturait,
s'abîmait et se dénationalisait elle-même par la perte de
ses colonies d'Amérique et d'Asie, par le sacrifice de ses
conquêtes et même d'une partie de celles du grand Roi,
sous lequel l'éloquent Thomas dit que les Français furent
grands ; enfin, par le ravage de belles, illustres et riches
provinces de l'intérieur, auxquelles l'aveuglement des im-
prévoyans et trop braves aventuriers parvenus à l'enchaîner
et la conduire, fit perdre leurs droits, franchises, privi-
léges, mœurs, usages, enfin leurs plus honorables monumens
et souvenirs, en un mot jusqu'à leurs noms, et jusqu'aux
honneurs, récompenses et propriétés de leurs plus illustres
et plus méritantes familles. . . . . .

Il est donc vrai, Monsieur, que cet excellent Tiers-état,

grande et sage portion d'un tout inappréciable, payant encore
de retour l'attachement que nous n'avons cessé de lui porter,
s'est perdu lui-même par l'inversion, mélange ou transposition
d'inégalités dont les nouvelles sont moins respectables, moins
éprouvées et moins avantageuses que les anciennes. Cette
inestimable et chère pluralité de la nationalité française pleure
aujourd'hui sur l'envieux acharnement, sur les onéreux et
plus malheureux succès de ses meneurs à démonétiser les
valeurs idéales, honorifiques et morales, qui, comme je l'ai
répété dans quelques imprimés dont il suffit de nommer
l'Encyclopédie méthodique et le Journal encyclopédique,
formaient le frein le plus efficace et le meilleur contre-poids
à la soif et à la puissance des richesses matérielles, à l'au-
dace des intrigues perturbatrices ou séditieuses. . . . . .
. . . .

AU LECTEUR.

Ici j'interromps ma transcription par trois bonnes rai-
sons, comme disait le grave *Pincé*, dans la comédie du
Tambour nocturne : la première, c'est que j'ai promis à
d'autres personnes, ainsi qu'à moi-même, de ne pas outre-
passer cette trentaine de pages, avant-courrière de deux publications retenues depuis plusieurs années, comme en four-
rière, dans l'armoire inquisitoriale ou la bastille arbitraire
et privée d'un particulier, malgré le permis ou récépissé
préfectoral qui, joint à ma signature, lui donne toute ga-
rantie ou sûreté ; la seconde, c'est que je ne veux ni ne
dois manquer l'arbitrage auquel je suis appelé pour étouffer
le germe ou détourner le scandale d'un procès aussi ridicule
qu'inconvenant entre deux pères de famille, que leur com-
mun sentiment et leur situation respective ne doivent pas
rendre le jouet ou la fable du barreau, du tribunal et du
public.

Ces deux courtes brochures, l'une de 8 feuilles, l'autre
d'environ 12 ou 13, réfutaient d'avance je ne sais plus
quelles injurieuses ou calomnieuses suspicions ou préventions toujours désagréables pour un homme délicat, lors
même qu'elles sont impuissantes auprès des gens de bien

dont il est tant soit peu connu, et qu'elles ne laissent aucune trace ou cicatrice dans la mémoire du grand nombre d'indifférens qui ne l'ont jamais vu. Dans ma *Conciliation française* et dans mes *Fragmens préliminaires*, plusieurs morceaux intéressent particulièrement les feuilles publiques dont le seul titre ne contribue pas moins que *la Quotidienne* à renationaliser le royaume ou les provinces, telles que *Gazette de* FRANCE, *Gazette de* NORMANDIE, *Gazette de* BRETAGNE, etc., etc.

Oh ! si tous les bons Français de tout état, de toute classe et de tout département savaient combien je les aime et les estime, combien, malgré mes revers et ma caducité, j'ai reçu d'égards de plusieurs grandes parties de leur ardente et bénévole jeunesse ; combien mon langage, ma conduite et mon caractère sont exempts d'adulation, de pédantisme, d'aigreur et de duplicité, nul ne regarderait comme variable, suspect ou malveillant leur vieux serviteur et concitoyen, qui, parmi les domiciliés de l'arrondissement du Havre, est le doyen des ôtages et volontaires royaux, des académiciens, des électeurs, des officiers supérieurs et décorés. S'il revoyait Paris avant son prochain passage en l'autre monde, il s'y trouverait peut-être encore le plus âgé des gentilshommes entrés dans les carosses du Roi et de ceux qui délibérèrent à l'assemblée primaire du district des minimes de la place Royale en 1789, comme il serait en Bretagne un des plus âgés vétérans et commissaires aux états de cette province où il siégeait et votait loyalement, comme ses pères à ceux de Normandie et d'Artois, même à quelques assemblées des états-généraux et des notables du royaume. *O dulces moriens reminiscitur Argos !*

* * *

. . . . A deux frères, dignes chevaliers français, anciens officiers supérieurs et décorés, dont le feu père, long-temps persécuté et renfermé comme moi et comme tant de millions d'excellens Français, avait d'abord suivi ma triple carrière de page et d'officier militaire du Roi (dont l'honorable service était indivi-

sible de celui de la nation), puis de membre et de r
missaire de notre ordre aux états de Bretagne.

Chers neveux paternels de ma première e
cousins-germains maternels de mes enfans

. . . .

. . . . Donnez, je vous prie,
oncle, de vos nouvelles et de celles du cheval
Corentin du Bot, votre frère cadet, qui a s.
tinction sous le colonel Alexandre du Bot, se
feu Charles Du Bot, mon beau-frère et vor
voilà plusieurs années que nous regrettons
chevalier de Saint-Louis comme l'étaient
rieurs et décorés du nom de vos père
des miens. Je ne parle ici que de ceux
sance de nos tempêtes et de nos infor
me les représenter ineffablement dé
aux pieds du grand monarque, juge
les jactances de la plus audacieuse
leront pas le trône.

HOMME, NE MÉPRISE PAS L'HOM   .-Jacques
Rousseau, dans un passage sorti de .   ux momens
lucides qui lui donnèrent les plus heureu... réminiscences
de celui qui nous défend d'appeler *Raca* qui que ce soit
de nos semblables, tous produits par le même créateur,
tous rachetés par le même sauveur (1).

C'est pourquoi, mes amis, sans porter votre indignation
contre les mauvaises actions, paroles ou pensées jusqu'au
mépris de ceux de nos semblables qui, sortis de la même
poussière, pétris d'une main divine, puis animés du souffle
divin, conservent la même part à l'ineffable bienfait de la
rédemption, déplorons, avec calme et sans affectation, le
mensonge et la sottise des gens assez aveugles pour repro-

---

(1) Je ne puis me rappeler quel poète a fait ces deux vers d'une pièce
consignée dans un Almanach des Muses :

L'Athéisme, Damis, est une étrange chose ;
C'est l'art de soutenir qu'un effet est sans cause.

cher à la noblesse et au clergé, 1º. de n'être point accouru
au secours de Charles X, comme si l'explosion subite d'un
complot couvé sous la cendre depuis quinze ans, avait
donné à ce prince et à ses plus dévoués sujets le temps
de se mettre sur leurs gardes ; 2º. d'avoir subitement renvoyé
leurs commis, leurs bureaux, leurs ouvriers, comme si les
maisons de commerce, d'ateliers, d'industrie, étaient principalement occupées et dirigées en France par des prêtres
et des nobles. Allons-nous rétrograder jusqu'aux époques
maratistes et robespierriennes, où les victimes étaient sans
cesse accusées par leurs spoliateurs et leurs bourreaux ?

Quant à ceux qui, nés ou raisonnans postérieurement à
la première émigration de tant d'exemplaires citoyens du
clergé, de la noblesse et de la bourgeoisie de France, même
de l'agriculture et de tous les métiers, adoptent les men-
songes, outrages et calomnies du révolutionisme contre cette
grande portion de l'élite des Français ; plaignons-les d'ignorer 1º. les obligations des restans envers des émigrés sans
lesquels les premiers auraient subi la *rafle de sept*, ainsi
que je crois l'avoir prouvé dans quelques écrits d'environ
1792 à 1818 ; 2º. la principale ou vraie cause de l'infor-
tune de ces émigrés, résultant de l'espèce de dégradation
politique et morale dont la philosophie épicurienne, égoïste,
irréligieuse frappait tant de cabinets ou d'hommes influens
et marquans en France, en Angleterre et chez beaucoup
d'autres nations, depuis les immoralités de notre régence,
commencées dès 1716, jusqu'à l'avénement au trône de
Prusse d'un prince qui gâta ses actions et ses qualités de
grand homme en affichant et protégeant les impures et mal-
faisantes rêveries du matérialisme.

Revenant à l'émigration, Démosthène, dans sa harangue
contre Eschyne sur la couronne que le peuple d'Athènes lui
décernait après la bataille de Chéronnée, fit la réponse triom-
phante que, dès 1799, j'ai cru pouvoir appliquer aux émigrés, comme j'aurais pu leur appliquer (ainsi qu'à Thémis-
tocle, Alcibiade et Coriolan) ce vers de notre Corneille dans
Sertorius :

Rome n'est plus dans Rome ; elle est toute où je suis.

Au surplus, mes amis, le seul proverbe *les hommes se rencontrent et les montagnes ne se rencontrent pas*, suffit pour nous convaincre ou nous apprendre que l'espèce humaine n'est pas stationnaire, et que, parmi les nations les plus fixes et les moins nomades, il y a toujours nombre de voyageurs par terres, mers et rivières, ne fussent que des missionnaires, des guerriers, des ambassadeurs, des marchands, des ouvriers, des observateurs, des curieux, etc.

Originairement sorties, soit des régions depuis si longtemps glaciales mais alors tempérées du Spitzberg ou du plateau de la Tartarie, comme l'a conjecturé l'érudit astronome Bailly (dont le télescope ne lui découvrit pas la marche d'une révolution que, malgré ses connaissances variées et profondes, il embrassa d'abord avec une passion presqu'enfantine, si promptement et si chèrement expiée ou payée), soit des belles plaines de Sennaar, selon Bochart, Huet, Calmet et Pluche, nulle race, peuplade, famille, nation n'a conservé sa filiation explicite ou régulière depuis la confusion des langues et la dispersion des hommes qui servirent de châtiment aux insensés constructeurs de la tour de *Babel* ou de *babil*. . . . .
. . . .

Vos enfans, mes bons amis, auront toujours à se féliciter de leur goût pour les études, lectures et connaissances intéressantes et solides, même pour quelques arts d'agrément qui, malgré l'abaissement de la noblesse française, imposé par les mêmes causes, erreurs ou circonstances qui ont abaissé le trône et toutes les dignités, prérogatives et décorations françaises, me semblent convenir à l'éducation des Français susceptibles d'en recevoir une bonne, surtout quand ils réunissent deux titres infiniment sympathiques dans leur union comme dans leur séparation : le titre de noble et celui de citoyen. Mais vu le genre de devoirs et d'occupations auquel ces précieux rejetons me paraissent spécialement destinés, ce qu'ils peuvent et doivent savoir de l'histoire romaine, me paraît les dispenser, même leur défendre de s'enfoncer dans les ténèbres et les labyrinthes des obscurs commencemens de cette vaste et magnifique histoire. J'ose donc, à ce sujet, leur conseiller de s'en tenir aux productions de l'Anglais Echart et des Français Rollin, Tillemont (1), Crevier, Vertot et Montesquieu, sans rivaliser

---

(1) Comme le nom du pieux oratorien Quesnel n'est pas en tête de son livre du *Bonheur de la mort*, qui, malgré les inadvertances janséniennes reprochées à ses onctueuses réflexions sur le Nouveau Testament, tient une place distinguée dans les débris de ma bibliothèque, non moins ravagée que mon faible patrimoine, à côté des *Saints Désirs de la Mort* du P. Lallemant, je prie le peu de personnes qui pourraient avoir connaissance du volume de 640 pages in-8°., publié en 1797 sous le titre de *Réalité des figures de la Bible*, de pardonner la distraction qui, dans cet ouvrage entrepris pour la défense des vrais miracles et de la vraie doctrine du christianisme (hautes matières dont s'occupaient beaucoup le vicomte de Turenne, le maréchal Daun, le cardinal du Perron, le chancelier d'Aguesseau, le chevalier de Folard), m'a fait nommer Tillemont au lieu de Quesnel, pour auteur de ce livre *du Bonheur*, etc., vu l'analogie de plusieurs des idées et maximes de ces deux écrivains, entre lesquels d'ailleurs la supériorité du mérite, des productions et de la renommée de Tillemont me paraissent incontestables, quoique je ne m'arroge pas le droit de les juger. Quant au livre où j'ai publié ma foi et mon orthodoxie, j'ai trouvé beaucoup de censeurs, et peut-être autant d'apologistes, parmi des ecclésiastiques et des laïcs également instruits et respectables, qui tous ont conclu par décider l'impossibilité de fonder une accusation d'hérésie contre un militaire qui, défendant avec calme sa religion, son culte et ses pasteurs, dans un temps de persécution moitié dioclétienne et moitié julienne, n'abonde présomptueusement et ne s'obstine aveuglément dans le sens de ses naïves et bénévoles expositions et conjectures toujours et sincèrement soumises aux véritables décisions de l'église catholique, apostolique et romaine, dans laquelle il remercie Dieu de l'avoir fait naître, puis d'avoir, dès avant la révolution qui dériligieusait la France pour la mieux défigurer, bouleverser et démoraliser, d'avoir, dis-je, fait rentrer dans l'orthodoxie dogmatique, sa jeunesse trop long-temps égarée par des erreurs et des autorités tellement séduisantes, surtout dans l'âge des demi-connaissances, de l'inexpérience et des passions, qu'il m'a toujours été impossible de ne pas répondre, autrement que par épanchement, intérêt, attendrissement de cœur, aux jeunes gens qui, sans espièglerie, bouffonnerie ni malice, m'ont témoigné leur confiance, leurs objections, leurs doutes, leur louable curiosité sur ces graves sujets, touchant lesquels, depuis environ quarante deux ans, il ne m'est resté ni revenu la moindre incertitude.

J'ai d'humbles actions de graces à rendre encore à la bonté céleste qui, lors de mes égaremens sans impiété volontaire, comme depuis mon retour sans caffarderie, m'a préservé de l'intolérance civile aussi contraire à la charité chrétienne que l'indifférence prétendue philosophique

en recherches plus profondés avec les Français Beaufort,
Sallier, Lévesque de Pouilly, pas même avec l'Anglais

---

le serait aux plus simples notions du juste et de l'injuste, à l'amour
du bien et de la vérité, à l'aversion du mal et du mensonge.

S'il eût été possible aux régimes ou partis insurrectionnels ou révolutionnaires de ne pas travestir ou confondre le faux et le vrai, le
parjure et la fidélité, le vice et la vertu, leur diplomatie n'eût pas inspiré tant de défiance aux nations étrangères et voisines ; leurs concitoyens de l'intérieur auraient moins à gémir des persécutions inquisitoriales et des moucharderies pour lesquelles on profane souvent la simarre des magistrats et l'uniforme des guerriers ; leurs NÉMÉSIS n'auraient
pas crié si fort :

« Le peuple veut manger ; le peuple meurt de faim. »

Quelles que puissent être la discordance ou l'harmonie entre nos principes, sentimens ou systèmes religieux, philosophiques, moraux ou métaphysiques, même politiques, je ne crois jamais sortir des règles, engagemens et doctrines de la douce, clémente et charitable église catholique,
apostolique et romaine où Dieu m'a fait naître (et dans laquelle j'espère,
avec la grâce du ciel, passer de la végétation présente à la vie future), lorsque je rends hommage aux lumières, aux vertus, aux bonnes intentions des
hommes de forte intelligence et de hautes expressions qui ne partagent pas
mes convictions ou théories théologiques, sociales ou civiles. Aucun de ces
hommes, d'ailleurs estimables, eût-il les prétentions d'infaillibilité qu'aucun
mortel ne doit avoir (excepté notre souverain pontife, en présence et
présidence de son saint consistoire), n'aura certainement à craindre le plus
léger manque d'égards de mon côté, quand même moi, qui me sens plus
imparfait que tout autre, je croirais découvrir chez lui de graves erreurs, sans doute involontaires, au lieu des vérités salutaires qui seront
toujours le point, le mobile, enfin, le but essentiel de mes études, recherches, conférences, lectures et méditations, ainsi que des fugitives et faibles
productions qui, parfois, ont tempéré la sécheresse de mes occupations de
première nécessité.

Sur le point d'un raccommodement ou compromis à l'amiable avec un
imprimeur, père de famille, à qui je ne crois avoir jamais témoigné, dans les
termes à la fois les plus sincères et les plus honnêtes, que des procédés de
confiance, de paix et d'équité, je ne désespère pas de voir enfin sortir d'une
longue et délétère réclusion, l'exposé naïf, décent et passablement raisonné,
tant de mes adhésions que de mes résistances à quelques importans et contradictoires passages des plus marquans écrits et journaux qui ont eu le
plus de vogue depuis le fatal rapport de décembre 1788, qui prépara la
métamorphose du ROI TRÈS-CHRÉTIEN de la plus antique et la plus vénérable des monarchies alors existant en Europe, en doge stipendié ou
président subordonné d'un sénat plébéien.

Bien des années avant l'excellente dissertation de M. Gaillard, dans la
Gazette de Normandie du 16 mars 1832, et celles de M. de Genoude dans

Hooke, qui serait d'un plus grand poids sans l'excès de ses tendances ou préventions démagogiques, et moins encore avec le profondissime Allemand Nieburh, qui, sans tomber dans l'esprit de parti, vient de conquérir l'estime

---

plusieurs numéros de la *Gazette de France*, je croyais avoir démontré, dans des feuilles à la vérité moins lues et moins dignes de l'être, combien notre ancienne constitution (languedocienne, romaine, armoricaine, neustrienne ou normande, et généralement germano-gallo-française) se rapprochait des plus sages combinaisons du beau idéal de droits, d'ordre et de liberté populaire, et combien s'en sont éloignées nos inconséquentes et contradictoires rêveries démagogiques, également destructives des plus nobles et des plus anciens usages. Ces rêveries furent mères et filles des innovations et des plagiats du révolutionisme.

O pauvres inventeurs d'une souveraineté populacière, qui se perdrait elle-même en mettant aux fers et tout un grand peuple et jusqu'à son roi ! ô pauvres déificateurs de la pauvre raison humaine, sujette aux plus déplorables aberrations dès qu'il méconnnaît ou renie son créateur et son Dieu ! comment ceux d'entre vous qui ont tant soit peu lu des historiens, des publicistes, des jurisconsultes et des voyageurs, peuvent-ils oublier 1°. que dans toute nombreuse aggrégation humaine (dont aucune n'est composée d'êtres infaillibles ou parfaits) les ignorans, les sots, les inconséquens, les étourdis, les passionnés sont toujours en grande majorité ; 2°. que dans toutes les perturbations des pays populeux sur lesquels il plaît à l'adorable Providence d'envoyer ce terrible genre d'épreuve ou de châtiment, les factions dominantes parlent presque toujours au nom de la nation, et ne manquent pas de s'en dire les constituans ou les premiers interprètes et représentans, quand elles n'osent plus s'en dire la totalité pour en mieux tyranniser la véritable majorité. . . . .

« Aujourd'hui, disait dès 1816 M. Bernardi, dans l'*introduction* de son livre *de l'Origine et des Progrès de la législation française*, nous sommes plus loin des Français de Louis XIV et de Louis XV, que ceux-ci ne l'étaient des Français de St. Louis. » Je crois pouvoir appliquer cette remarque judicieuse et trop véridique, surtout à ceux de nos concitoyens qui n'ont pas été pénétrés de bonne heure de l'instruction, de l'éducation, des principes, exemples et préceptes qu'avant la dissolution proposée en 1788 et commencée en 1789, on donnait généralement à l'enfance, à l'adolescence, à la jeunesse de la plupart des Français nés dans l'ordre de la noblesse, dans la classe du haut-tiers, ou de ceux qui se destinaient à l'état ecclésiastique. Or, dans ce temps où, principalement depuis la dernière moitié de l'année 1830, recommencent les fureurs ou persécutions fanatiquement-barbares et de l'iconoclatisme et de l'ultra-vandalisme, contre les invariables amis de l'humanité, de la France et de la liberté sans licence, comme de l'ordre sans arbitraire, souvent victimes et jamais dupes ni complices des contre-sens, des contre-vérités, des sophismes et des illusions ou jongleries trop à la mode,

et l'admiration de tous les amateurs des vérités antiques
ou nouvelles et de la haute érudition. . . . .
. . . .

---

apprennent avec consolation qu'en diverses provinces renommées pour leur
instruction, leur bon esprit, leur pur et franc patriotisme, s'étaient formées
des sociétés d'amateurs qui, tels que, pour notre seule Normandie, MM. le
comte et le vicomte de Walsh, les comtes et marquis de Clercy, de Graville, d'Eudes-Mirville, de Rochechouart-Mortemart, de Montant-Bénac,
de Harcourt, du Clinchamp, de Roncherolles, de Mathan, MM. Auguste
Le Prévost, Emmanuel Gaillard, Léchaudé d'Anisy, Golbert, Goube, à
l'exemple de feu les savans bénédictins Le Noir, Blanchard, Tassin et Toustain
de Beaussan, du feu comte d'André La Fresnaye, du feu marquis de Cham-
brai, de feu les abbés Beziers, de Boniface et de La Rue, s'occupent de l'historique et de la description des monumens, actions, personnes et particularités importantes ou honorables de ce pays. Espérons que de si beaux mo-
dèles trouveront des imitateurs dans beaucoup d'autres départemens, et
que, par de nouveaux Champollious, non moins louables que celui qui
vient de mourir à 42 ans, après ses admirables travaux, recherches et dé-
chiffremens d'antiquités égyptiennes, la France trouvera quelques indemnités ou restes encore précieux des immenses et non réparables ruines de ses
arts, travaux, monumens, chefs-d'œuvre, annales et sciences.

On trouve de longues listes de ces estimables rechercheurs et conservateurs, dans celles des savantes associations des antiquaires et des amateurs
de Paris, de Bretagne, de Normandie, etc. *Salus nominum, salus proprie-
tatum ; salus honoris, salus virtutis et utilitatis.*

Personne ne goûte plus que moi tout ce qui sort de la tête, du cœur et de
la plume éloquente, ingénieuse et sensible de M. le vicomte de Walsh et de
son digne fils M. Édouard, qui, dans leur excellente Gazette de Normandie
(N⁰. du 16 mars 1832), ont inséré de M. Emmanuel Gaillard, mon ancien
collègue au collége électoral, une excellente dissertation sur les anciens
usages et droits de nos anciens Normands, dissertation qui peut marcher de
front avec celles de M. de Genoude, dans la Gazette de France, sur les anciens usages et droits des Français. J'ose donc prier les respectables Messieurs Walsh de se rendre les interprètes de la reconnaissance des Normands
amis des faits et des monumens honorablement historiques, auprès des
hommes éclairés et laborieux, qui s'efforcent par leurs travaux et leurs des-
criptions, tantôt par de belles productions de gravure, de peinture et de
sculpture, de nous conserver quelques représentations, indemnités ou réparations des objets les plus intéressans entre ceux dont nos plagiaires de bar-
baries et d'insurrections ne laisseront bientôt plus de vestiges. Je ne doute
pas que MM. Félix Labbey de la Roque, de Cacheleu-Tourville, ne s'em-
pressassent de les seconder. En recevant cette épreuve, j'apprends avec sa-
tisfaction que M. l'abbé de la Rue, qu'on m'avait dit mort à Caen, vient
d'être reçu à l'académie des belles-lettres de Paris.

On peut dire de l'archéologie, comme Fontenelle, dans son éloge de Tour-

Parmi les citations que je vous ai faites de livres et d'au-

nefort, disait de la botanique, que ce n'est pas une science paresseuse et sé-
dentaire. C'est pourquoi, si la Providence m'eût permis, avant la prochaine
expiration de ma 86ᵉ. année, de franchir à quelque distance le cercle étroit
d'obscurité profonde ou de nullité complète où l'anti-libérale, l'anti-noble
et l'anti-chrétienne révolution m'a, pour ainsi dire, enseveli vivant depuis
tant de lustres, je me serais empressé d'aller saluer et consulter chez eux
plusieurs Français instruits et sages qui se sont adonnés avec plus de succès
que je ne saurais le faire, à cette science dont j'aime le but et les détails,
et dont je sens le prix, quoique je n'y sois que médiocrement initié.
Entre les Normands ci-dessus nommés, MM. les marquis de Mirville et
de Mathan, les comtes de Graville et de Montant, M. l'abbé de la Rue auraient eu part aux courtes visites que j'aurais tâché de ne leur rendre ni fati-
gantes, ni importunes. Dans mes tournées pytagoriennes n'auraient pas été
oubliés beaucoup de mes respectables confrères en réunions royales, soit
politiques, soit littéraires, non plus que les honorables coopérateurs de
l'*Avenir*, de la *Revue Européenne*, des feuilles véritablement nationales,
philantropiques et chrétiennes avec tolérance évangélique ou civile, sans
mélange d'indifférence ou de dédain métaphysique. Ma dissidence ou mes
erreurs sur quelques passages des hommes et des ouvrages que j'estime le
plus, n'auraient jamais causé parmi nous plus de scandale ou d'aigreur
qu'il n'y en eut dans la douce et légère controverse entre Paul et Céphas,
selon le chap. 2 de l'*Épitre aux Galates*.

A ce sujet, et vu le retard que des malentendus typographiques ont ap-
porté dans les publications d'opuscules imprimés depuis plusieurs années,
voici trois observations qui me paraissent bonnes à terminer cette trop
longue note :

1o. Les amis d'un prêtre, dont le serment non rétracté m'empêchait de
suivre le culte, m'ont témoigné ses remercimens du ton d'égards avec lequel
je crois avoir repoussé l'attaque ou l'imputation d'hétérodoxie qu'il avait
dirigée contre moi dans un ouvrage de 4 volumes, qui ne me paraît ni sans
mérite, ni sans erreur.

2o. Loin de nier aucun vrai miracle dans un ouvrage où je pense qu'on
aurait tort d'en alléguer de faux ou de douteux parmi les preuves surabon-
dantes d'une religion d'amour et de vérité, je me suis empressé des premiers
à présenter les couleurs merveilleuses, je dis même miraculeuses, d'un évé-
nement passé dans une ville notable du pays de Caux, sur une pieuse et
respectable personne de ma connaissance.

3o. La famille Talma et mademoiselle Duchesnois recevront, dès le com-
mencement de leur tardive apparition, les pages imprimées depuis plusieurs
années en résultat de quatre conférences avec ce grand acteur, et d'une
seule avec cette grande actrice. On y trouvera des particularités honorables
pour ces deux coryphées de la scène française, avec des considérations sur
leur état, sur les pièces et les représentations théâtrales, sur l'art drama-
tiques, sur les bienveillances et les bienséances sociales, traitées sans rigo-
risme comme sans relâchement.

3

teurs qui se sont exercés notablement sur les origines et les transmigrations de tant de nations, peuplades et races humaines, je ne dois pas oublier Pelloutier et Chiniac sur les Celtes, Pinkerton sur les Scytes, Poinsinet de Sivry concernant la naissance et la formation des sociétés, non plus que le *Vestigia Danorum* de Pontoppidam, et tant d'historiographes et de biographes de diverses provinces, villes, familles et célèbres individus en divers pays et divers temps. Malgré le mérite de l'Histoire de l'Europe, par Lacépède, je ne fatiguerais pas encore de ses 18 volumes la tête d'une jeunesse non prémunie contre les tendances au socinianisme, au révolutionisme, au citra-montanisme, non que j'approuve l'ultra-montanisme des écrivains trop enclins à pallier les imperfections de quelques papes et à exagérer les torts de quelques empereurs.

N'allez pas croire, mes chers amis, que mes souvenirs, observations ou conseils (sur lesquels vous êtes à portée de consulter des maîtres dont je m'honorerais d'être le disciple) tendent le plus légèrement à surcharger la mémoire et l'application de vos enfans par des études qui, malgré leur analogie avec celles de nos pères relativement aux emplois et services alors spécialement propres à leur ordre et à leur destination, seraient peu compatibles avec les carrières et professions auxquelles, par suite du contre-coup des erremens ou systèmes révolutionnaires, nombre de nos pairs, consorts et descendans seront peut-être encore heureux de pouvoir se livrer.

Toujours appuyant sur l'instruction nécessaire et glissant sur les superfluités de certaine érudition pour des gentilshommes répandus dans le monde et livrés aux devoirs de leur état, je ne leur conseillerai sur l'Histoire universelle que celle de l'abbé Millot ou celle de M. de Grace; sur l'Histoire de l'Eglise que celle de l'abbé Beraud de Belcastel, accompagnée des discours de Fleury; sur l'Histoire de France, que celles de Velly, Villaret et Garnier, ou du père Daniel de l'édition du père Griffet; sur l'Histoire de Languedoc, que l'abrégé en six volumes in-12, qui ne les empêchera point de compulser de temps en temps celles de

Catel et de Vaissette ; sur notre Bretagne, que celle de
l'abbé Desfontaines et du comte Daru (1), ce qui ne les

(1) J'ai relevé dans quelques écrits fugitifs quelques *errata* de cet auteur, qui sont moins de lui que des innovations auxquelles il payait
de temps en temps quelque tribut. Il m'avait fait l'honneur da me citer
avec égard, tout en estropiant mes noms de famille et de terre. Au
reste, j'aurais pu conseiller encore pour mes petits-neveux comme pour
mes petits-fils, le nouvel abrégé de l'Histoire de France, par M. Pigault-
Lebrun, ouvrage beaucoup meilleur ou moins défectueux que ne le pré-
jugeaient, avant lecture, beaucoup de personnes improbatrices de plusieurs
de ses précédentes productions. Je n'oublierai point non plus les volumes de l'Histoire de France par M. le comte de Ségur, au mérite
duquel j'ai rendu sincère hommage, tout en relevant quelques-unes de
ses inadvertances révolutionnaires. . . . .
. . . .

Les vers de la NÉMÉSIS, insérés dans la *Quotidienne* du 13 mars 1832,
ont coïncidé avec les plaintes et les réclamations morales et diplomatiques
portées à notre gouvernement, non seulement par le premier des pontifes
catholiques, évêque et souverain d'autres états ou cités, mais par toutes les
puissances de toutes les communions chrétiennes répandues en Europe,
contre la sarrasine espèce de missionnaires. et d'auxiliaires que certaines
inadvertances ou distractions avaient fait envoyer chez un peuple qui nous
avait antérieurement prouvé que des secours de ce genre lui étaient plus
dangereux, plus répugnans ou plus redoutables qu'ils ne pouvaient lui de-
venir utiles. C'est ainsi que l'arbre d'avilissante persécution, de tyrannie
à la fois extravagante et féroce, fut substitué par de mauvais sujets, sous le
nom dérisoire de *liberté*, à ce signe libérateur et rédempteur que le prêtre
Fortunat appelle, avec tant de raison, *arbor decora et fulgida*, dans son
cantique de *Vexilla regis*. Hélas ! il me souvient encore que durant longues
années, entre la déification du Génevois Marat et l'empire du Corse Napo-
léon, je fus, bon gré malgré, ôtage élu et responsable de ce faux emblème
de liberté, qui ne me parut pas meilleur pour la France que le vénéneux
bonpas ne l'est pour les Japonais, ni que cet autre arbre dont le fruit
devint si funeste à la désobéissante curiosité de notre mère Eve et à sa fra-
gile postérité, dont les dix-neuf vingtièmes, en ce point très-semblables à
toutes-les nombreuses aggrégations humaines (surtout quand leurs formes
et leur composition sont plus démocratiques qu'aristocratiques ou monar-
chiques), sont toujours assurés de la grande majorité des vices, des sot-
tises, des ignorances et des erreurs.
N'ayant jamais été des hommes à deux faces et deux langues. c'est-à-dire,
ni trompeur, ni flatteur, ni frondeur, mais, depuis l'âge de raison, n'ayant
cessé d'être animé d'un zèle vif, chevaleresque et chrétien pour le bonheur
de ma patrie en général et de tous mes honnêtes concitoyens en particulier,
qu'il me soit permis de saisir ici l'occasion de rectifier à mon sujet les très-
fausses suspicions de quelques personnes à qui les rapports infidèles, soit

empêchera point non plus de compulser parfois dans les grandes bibliothèques, Le Baud, d'Argentré, Lobineau, Morice et Taillandier. . . . .

. . . . , ...

de quelques trompeurs ou trompés, soit de quelques bavards inconséquens et superficiels, ont persuadé qu'il m'était arrivé de compromettre qui que ce soit auprès des Stes. Hermandad ou des familiers de nos inquisitions révolutionnaires. Je ne me rappelle en honneur pas d'avoir compromis en ce genre d'autres que moi seul ou moi-même, et cela dans des combats où il convenait de braver tous les dangers sans compromettre, blesser, exposer autrui, de même qu'un homme de mon état doit, sans se cacher derrière un autre, obéir à l'ordre ou au devoir de monter de bonne grace à l'assaut, quand même il saurait le terrain contreminé par un Vauban, un Cohorn, un Cormontagne.

Sans fatiguer le lecteur des causes et détails des rapports de quelques loyaux militaires de ma famille et surtout de ma branche, avec les ducs d'Orléans, leurs protecteurs, depuis le frère cadet de Louis XIV, il me suffit de déclarer que S. M. Louis-Philippe, portant les mêmes noms de baptême que son auguste aïeul, et son auguste mère avaient donné à mon premier mort et premier né, n'a jamais ignoré, depuis l'âge de raison, mes principes, sentimens, idées, études religieuses, historiques, militaires, politiques et métaphysiques; qu'elle ne m'a jamais blâmé de tenir moins à mon imperceptible ou mystérieux trente-deux millionnième de souveraineté nationale qu'à une part naturelle et constitutionnelle de cette précieuse liberté de conscience et d'opinion que je ne conteste à personne, et qui me paraît d'autant plus raisonnable et même fondée, qu'elle s'accorde parfaitement avec l'observation des lois, de l'ordre et des bons réglemens.

Je suis bien sûr que S. M. n'approuverait pas l'espèce de lâcheté qui me ferait détruire dans mon petit jardinet (passagèrement ravagé dans un moment de crise ou d'ivresse) ce qui peut y rester des lys que j'y plantai en 1814, aux premières apparences d'une restauration que d'étranges conseils et systèmes empêchèrent d'être solide. Quel habitant de la France pourrait me savoir mauvais gré de redouter la stupide et maligne imputation de *carlisme*, parce que je ne troquerai pas le nom de mon patron, saint Charles-Borromée, qui s'illustra, se béatifia dans la peste de Milan du 16°. siècle, comme notre vénérable ex-jésuite Belzunce fit à Marseille en 1722, et comme font encore à Paris et à Rouen, en 1832, MM. les archevêques *de Quélen* et *de Croï*. S. M. ne m'a jamais témoigné l'ombre d'un mécontentement des larmes que je n'ai pu cacher ni retenir sur d'augustes infortunes et d'augustes infortunés. Parmi les hommes tant soit peu raisonnables de toutes classes, depuis celles où l'on peut espérer de porter le sceptre jusqu'à celles où l'on ne manie que la houlette, souvent emblème du sceptre, il n'en est peut-être pas un seul qui n'ait couvert d'un *profond* ou *souverain* mépris le Français assez dénaturé pour se permettre

Mes chers amis, il est temps de mettre fin totale à cette longue épître, dont les désordres et les lacunes (indispensable fruit du tourbillon de mes affaires et de celui des calamités publiques) seront peut-être remplacés ou réparés par la note additionnelle d'autres écrits où seront marqués mes vues pour l'instruction de nos enfans, neveux et descendans, puisque ni vous ni moi nous ne sommes, grâces à Dieu, de ces inconséquens et durs égoïstes ou matérialistes qui ne rougissent pas de dire tout haut *après moi le déluge*.

Ici je pourrais dire en passant quelques mots sur la *religion de la chair*, prêchée, sans rire, par nos bons frères *St.-Simoniens*, dont l'ingénieux et gai M. Colnet a fait une justice joviale et suffisante, abstraction faite des objections ou réponses graves qu'ils ont reçus d'autres critiques. Quant à vous et moi, chers neveux, nous n'avons ni le temps ni la fantaisie de nous livrer à cette controverse, passablement originale et bizarre.

Dans les projets que j'esquisserai sur les moyens qui me paraissent les plus favorables à toutes les réparations et consolidations d'une bonne constitution française, n'entrerait pas en 1832, comme elle aurait pu entrer en 1814, la proposition d'aucun grade ou d'aucune corporation de militaires, de magistrats, d'administrateurs, uniquement composée de nobles, car autant vaudrait proposer l'assassinat ou la proscription de ces mêmes nobles, surtout depuis le désordre introduit depuis la fatale année 1789 dans les mœurs, les écrits, les idées, dans toutes les grandes, moyennes et petites parties du gouvernement, de la législation, de l'édu-

---

contre le Roi-chevalier tombé dans le malheur, après avoir été le colibérateur de la Grèce, le répresseur de l'Afrique et le vengeur de l'Europe, les atroces insolences du juif Séméi contre David s'échappant aux fureurs d'un fils comblé de sa tendresse. Non, je ne renierai jamais mon dévouement à la dynastie et à la postérité de Henri IV, ni mon inviolable et juste reconnaissance à la mémoire et à la progéniture du prince l'un de ses descendans, qui, seize ans avant qu'on eût le malheur de le perdre en 1785, et vingt ans avant l'interminable ou l'indéfinissable révolution ; daignait honorer d'un bienfait insigne mon premier mariage avec une angélique demoiselle de Bretagne.

cation, de la jurisprudence, enfin, dans toutes les formes, conversations, pratiques et théories de la société française.

Mais ce que je proposerai ne dérivera jamais que des intentions, idées et plans qui me paraîtraient les plus conformes à tous les élémens d'une excellente hiérarchie ou classification sociale purgée (autant qu'il sera possible dans notre imperfection ou noviciat terrestre) des basses hauteurs d'orgueil, d'insolence, de jalousie, de prétentions toujours hostiles à l'harmonie et prospérité publique. Ces élémens seront toujours soutenus des proportions convenables entre les rangs, plans, honneurs, titres et fonctions de travail, de dangers, de richesses.

Le présent imprimé, chers neveux, resterait manuscrit s'il ne me paroissait de nature à servir à la fois de suite, d'annonce et de complément à deux graves opuscules qui, vraisemblablement, auraient paru dans un temps plus favorable à leur débit ou succès, sans les malentendus typographiques survenus depuis quelques années, et qu'un compromis fait double, le 2 avril courant, va faire entièrement cesser d'un jour à l'autre.

Ainsi que je l'ai naïvement avoué tant à des fonctionnaires qu'à des particuliers, à nul desquels je ne refusais les éclaircissemens qu'il m'était possible de donner, sans compromettre, affliger ni tromper personne, je n'ai ni la compétence, ni les documens, ni les plans, ni le droit, ni la fantaisie de prononcer affirmativement sur des personnages, des événemens et des opérations dont il ne m'est pas encore possible d'avoir d'autre connaissance que celles qui résultent des rapports souvent incertains, obscurs ou contradictoires des feuilles journalières et de la voix publique.

La publicité qui ne dégénère ni en médisance, ni en calomnie, ni en obscénité, licence et diffamation, ne cesse pas d'être à mes yeux l'une des sauve-gardes des libertés individuelles et publiques. C'est pourquoi, mes chers neveux, pour vous, pour vos enfans et pour les miens, je laisse imprimer cette lettre bien intentionnée, mais qui serait moins prolixe si j'avais le temps de la retoucher ou de l'abréger. La réception de plusieurs de ces imprimés par occasions ou par diligences, n'aura pas, comme les copies manuscrites de mon griffonnage presque nonogénaire, l'inconvénient ou le danger de nous exposer à la violation des secrets de famille, par de graves méprises de certaines autorités, si par hazard cette violation condamnable existe dans plusieurs des bureaux de poste placés entre nos domiciles. Vous savez combien de personnes de votre province ou de votre voisinage ont vu leurs chambres, leurs cabinets, leurs salons, leurs caves, leurs écuries, leurs laboratoires, leurs malles, leurs armoires, leurs actes et papiers enfoncés, renversés, bouleversés par les fouilles ou visites domiciliaires, dont les ouvrages, semblables aux incendies, ont atteint châteaux, manufactures, maisonnettes ou cabanes, et jusqu'à d'humbles et pieux établissemens de bienfaisance et de piété. *Rustica progenies nescit habere modum* (1). . . . .

. . . .

---

(1) Je n'ai pas sous la main mon Tite-Live, qu'il me semble que Machiavel (que j'ai tout lu jadis en sa propre langue) a traduit assez fidèlement. Je ne conserve dans les débris de ma bibliothèque que 1°. son *Histoire de Florence*, traduite et publiée in-8°. en 1615, par le seigneur de Brinon, gentilhomme ordinaire de la chambre du Roi, et mieux exposée par l'abbé de Condillac, dans la partie historique de ses instructions au prince de Parme; 2°. plusieurs de ses ouvrages traduits et publiés en 1606 par Gaspard d'Auvergne (petit in-12 fort épais), avocat et juge de Châtellerault. La naïveté du langage et la vérité de l'observation me décident à copier ce passage de la page 172, au XLVII°. chapitre des discours du célèbre Florentin, sur la première décade de l'illustre historien, né à Padoue : « *Quand le peuple s'humiliait, la noblesse s'élevait, et si elle s'abaissait, il » dressait ses cornes.* »

Tout ce qu'il me semble qu'on peut dire et penser de mieux à ce sujet, se réduit à conformer, autant que possible, sa logique et sa métaphysique plutôt à celles de St. Augustin, de Bossuet, de Fénélon, de Port-Royal, de Nicolas-Jacques Abbadie (seulement dans ses trois traités *de la Vérité de la religion chrétienne*, *de la Divinité de* JÉSUS-CHRIST, *et de l'Art de se connaître soi-même*), des abbés de la Mennais, le François, Bergier, Regnier, Gauchat (en qui je désirerais un peu plus de douceur), Mesangui (dont je ne cite ici que l'*Exposition de la Doctrine chrétienne* et l'*Histoire de l'Ancien Testament*), de Pey, Lamourette (surtout dans sa *Philosophie de la foi*); des oratoriens Mallebranche et Massillon; des jésuites le Valois, Bourdaloue, la Marche, Tournemine, Barruel et Berthier. Les logiques et métaphysiques de pareils hommes deviennent souvent le meilleur rempart ou bouclier contre les tendances d'autres grands esprits égarés ou égarans par de cap-

Bons amis, me voilà subitement interrompu par des événemens et des circonstances, à la vérité pénibles pour moi,
mais dont je puis vous féliciter pour votre compte, puis-
qu'ils me forcent sinon de supprimer tout-à-fait, au moins
d'ajourner indéfiniment le plan, le tableau, le résumé de
mes observations, études, lectures et pratiques morales, militaires, historiques et politiques. Les soins nouveaux qu'il va
m'être urgent de porter sur d'autres objets intéressans pour
d'anciens amis et parens dont vous ne connaissez que les
noms, vous délivreront quelque temps du griffonnage de
votre bon vieux oncle. D'ailleurs, il ne négligera pas le
moyen de vous faire connaître une des plus belles alliances
à citer à côté de celles qui vous honorent le plus, telles que
les Rohan, les Courtenay, les Botterel-Quintin, les d'Avau-

---

tieuses subtilités dans quelques fatales séductions ou tendances irreligieuses
ou matérialistes.

L'être reconnu de tout temps par les plus sages ou les moins insensés
païens comme par les plus saints orthodoxes, pour le plus ou le seul
raisonnable, l'être seul doué du regard, de la contemplation, de l'examen
du ciel, annonce par cette seule considération les hautes prérogatives, obligations et destinées qu'il a reçues de l'adorable auteur et du souverain maître
de toute la nature. *Os homini sublime dedit, calumque tueri :* ce vers d'Ovide
exprime la plus antique, la plus honorable, la plus authentique des traditions. Et lorsque cette vérité rationelle, physique, historique et morale est
encore scellée de la plus incontestable confirmation dans le plus sublime, le
plus important, le plus ancien, le mieux conservé ou mieux appuyé et
prisé de tous ceux de la plus haute antiquité, quelles graves méditations ne
doit pas graver dans l'âme de l'homme instruit, sensible et réfléchissant, la
seule expression de ce *sporaculum vitæ*, de ce souffle de vie dont il plut au
Tout-Puissant d'animer le limon pétri de la main divine qui donne l'exis-
tence jusqu'à nous transmise par notre premier père ! Trop profane pour
m'étendre davantage sur une si haute et si vénérable matière, je termine
cette note en renvoyant mes neveux et tous mes lecteurs aux belles explica-
tions des abbés Duguet et d'Asfeld sur l'ouvrage des six jours. Quoiqu'il y
ait eu sur la terre peut-être beaucoup moins d'Abels que de Caïns, souvenons-nous pour l'amour de Dieu par-dessus tout, et du prochain comme
de nous-mêmes, que nul des descendans d'Adam ou de Noé, de quelque
gouvernement, climat, pays, profession, classe ou conduite qu'il soit, ne
doit (relativement au mot *cornes* employé ci-dessus par le Florentin Machiavel ou le Padouan Tite-Live) ne doit, dis-je, regarder ou traiter son
semblable comme un taureau farouche ou comme une brebis timide.

gour, les St.-Pern, les Coëtlogon, les du Cambout-Coïllin, les Guesclin, La Noue, Lopriac-Dönges, le Sénéchal-Kercado, La Roche-St.-André, etc., etc. Il s'en faut que je complète ici la nombreuse liste des illustres consanguins et consanguines dont l'exemple est propre à conserver chez nos enfans des exemples et leçons de noble et salutaire émulation sans mélange de vaines et puériles glorioles. L'Écriture-Sainte ne nous affranchit pas de la simplicité, de la modestie, de l'humilité chrétienne, en nous recommandant, au premier verset du 44e. chapitre de l'*Ecclésiastique*, le souvenir et la louange de ceux de nos ancêtres et parens qui se signalèrent dans le service et l'amour de la religion, de la vertu et de la patrie.

Chez les familles et les personnages qui vous touchent, et dont plusieurs d'entre eux comme d'entre vous pourraient l'oublier ou l'ignorer, quelques-uns devineront le nom de l'homme actuellement non moins justifié qu'immortalisé, du magnanime héros qui, par sa noble épouse (de même nom qu'une des mères de madame votre mère) et par un de ses dignes fils, blessé dans un des hauts faits d'armes où périt l'un de ses dignes frères, a daigné donner la réfutation claire et complète des calomnies lancées par de soi-disant Français, plus acharnés contre lui que la faction carthaginoise, instiguée par Hannon, ne l'était contre Annibal en récompense de sa victoire de Cannes. Le peu que j'en dis ici soutiendra suffisamment ce que, dans plusieurs réunions et productions, la vérité m'inspira pour éclairer et détromper ceux de ses détracteurs dont l'erreur à son égard ne dérive pas de passions haineuses et perverses, mais d'une confiance trop crédule en des sophistes qui ne se faisaient pas scrupule d'abuser de leur bonne foi. . . . .

. . . .

La justice du ciel est assez agissante et sensible dès ce bas et très-bas monde, pour nous y faire apercevoir la récompense de quelques vertus et la punition de nombre de vices et de quelques forfaits, sans nous fermer les yeux sur les souffrances et les malheurs de beaucoup d'innocens et de gens de bien, sur le triomphe ou du moins l'impunité de beaucoup d'étourdis, de méchans et de scélérats, sur les traits alternatifs de longue patience, de sévérité prompte et d'inépuisable miséricorde employés au triple secours de la religion, de la conscience et de la raison, dont nous lui sommes tous redevables et comptables.

Sa bonté, non contente de nous accorder une aptitude remarquable à la bienveillance, à la compassion, à la sagesse et à l'instruction, daigne joindre à ce divin don celui d'un libre arbitre, sans lequel il n'existerait dans notre espèce, originairement sanctifiée ou constamment privilégiée, ni mérite, ni moralité (1).

Mais pour garantir notre faiblesse des erreurs ou des abus de ce libre arbitre, elle y ajoute une grace à la fois naturelle et surnaturelle. . . . .

. . . .

C'est uniquement par candeur et naïveté, nullement par charlatanisme ou vanterie, que je vous laisse par fois entrevoir, à travers les ombres de ma plume et de ma position, l'extension physique, morale, intellectuelle que l'étude et

____

(1) Le médecin breton Offray de la Mettrie, fils d'un négociant de Saint-Malo, homme instruit et spirituel que d'excessifs écarts physiques et métaphysiques avaient plongé dans les ténèbres du plus absurde athéïsme et matérialisme, a nié le libre arbitre et la distinction du juste et de l'injuste dans ses pitoyables productions intitulées *l'Homme-plante* et *l'Homme machine*. Comment ce contemplateur de la nature pouvait-il méconnaître le grand et premier botaniste, le grand et premier mécanicien, le grand et premier chimiste? Observer les astres, les campagnes, les mers, les règnes animal, minéral et végétal, sans reconnaître Dieu, vaut autant que de nier que des architectes et des maçons aient travaillé aux pyramides d'Egypte. Aussi Voltaire, sans entrer dans le détail de l'excellente réfutation que le chrétien protestant Holland a fait du *Système de la Nature*, a-t-il réfuté les modernes spinosistes et ultra-spinosistes par ce seul vers et demi, que l'on pourrait regarder comme l'épigraphe du meilleur morceau de sa belle pensée sur le monde et sur son adorable auteur et conservateur :

. . . . Non, je ne puis songer
Que cette horloge existe et n'ait point d'horloger.

Sans autre but que celui de rendre à chaque race ce qui lui appartient, j'annote que la famille d'Offray de la Méterie, n'est pas la même que celle de MM. de la Choue de la Méterie, dont j'ai l'honneur de connaître un fidèle confrère en St.-Louis, après avoir eu celui d'être le collègue de feu M. son père, aux Etats de Bretagne.

l'exemple des générations passées donne aux générations présentes, leur inspire ou fortifie la sublime perspective, la religieuse considération de ces générations futures dont quelques savans et sages individus pourront dire de plusieurs de nos contemporains ce que nous disons, avec le psalmiste, de plusieurs de nos prédécesseurs : *In memoriâ æternâ erit justus.* Cette idée chrétienne et naturelle me semble élever, corroborer, consoler, aggrandir à l'infini l'être pourvu tout à la fois et d'un corps dont la résurrection me paraît assurée de la manière la plus certaine, après qu'elle aura subi l'universellement indispensable et nullement perpétuelle séparation de la prison grossière et matérielle sous laquelle elle subit les variations, épreuves et métamorphoses d'un insecte en chrysalide. O homme ! ô mon frère ! sans négliger les besoins du corps, occupons-nous constamment d'obtenir part aux secours divins par la santé de cette ame sans les vertus de laquelle l'animal à face humaine, que Platon nommait *coq sans plumes*, deviendrait moins qu'un ver de terre.

Je vous félicite, mes bons amis, d'avoir profité des bonnes leçons dont vos pieuses mères et nos braves parens ont armé successivement votre enfance et votre jeunesse contre les irruptions et les épidémies anti-sociales et anti-chrétiennes qui, depuis un demi-siècle, ont déshonoré notre époque en ravageant, désolant, bouleversant tant de nations et de civilisations européennes, asiatiques, américaines, africaines, sans excepter notre chère et vénérable patrie si souvent plongée, au nom de l'amélioration et de la liberté, dans les ténèbres et les abîmes des plus terribles désordres, misères, crimes, asservissemens et tyrannies. A ces cordiales félicitations, je m'empresse de joindre mon remercîment non moins sincère de ce qu'à travers les ombres de ma plume, de mes rêves et de ma position, vous avez bien voulu reconnaître combien j'ai tâché de racheter partie de mes fautes et de mes défauts par les goûts, les occupations, fonctions, professions, spéculations, études et travaux, dont le mobile et le but constant, depuis mon entrée dans ce qui s'appelle âge de raison, jusqu'au moment où je sens mes jambes presque nonogénaires descendre ou fléchir vers la tombe, n'ont été que de me rendre utile généralement à l'humanité, particulièrement à notre pays. Mes efforts et mes réflexions en ce genre, qui semblait me convenir spécialement avant les orgies révolutionnaires des 14 juillet, 4 août, 5 octobre 1789 et 19 juin 1790, m'ont persuadé que Cicéron avait grandement raison d'appeler la philosophie *médecine*, entendant par ce mot le véritable amour de la sagesse, et non cet artificieux, immoral, opiniâtre et délirant philosophisme qui, souvent à force d'attaquer, de transmettre, d'obscurcir ou de problématiser les vues, idées, actions et qualités les plus favorables au bonheur des nations, des gouvernemens, des sociétés, des familles et des individus, s'est décrié ou déshonoré lui-même, depuis le premier quart du dix-huitième siècle jusques et compris bientôt tout le premier tiers du dix-neuvième.

C'est aussi dans la primitive et bonne acception du mot, que St. Augustin, St. Cyrile et tant d'autres illustres pères et docteurs de l'Eglise, d'accord sur ce point avec les sages les moins imparfaits ou les plus renommés du paganisme, regardent la philosophie comme un acheminement aux plus précieuses et plus satisfaisantes vérités. *Philosophia cathechismus ad fidem.* St. Paul lui-même ne disait pas *nous commandons*, *nous forçons ;* il se contentait de répéter avec l'onctueuse et convenante énergie d'une véracité courageuse et modeste, d'une simplicité touchante : il n'exigeait qu'une obéissance raisonnable; et son humilité constante et persuasive touchait, pénétrait, convertissait ses auditeurs. La multitude des auditeurs ou disciples, parmi lesquels il se faisait beaucoup d'amis et de coopérateurs. Où trouver un sage, un héros, un autre saint qui, d'abord tombé lui-même, ait su tirer meilleur exemple ou meilleur parti de ses propres chutes, pour empêcher ou relever celles du prochain ?

La judicieuse définition de Cicéron, donnant le nom de *médecine* à la philosophie, me rappelle que Platon, qu'il regardait souvent et justement comme grand-maître en éloquence, jugement et morale, pensait que la philosophie était une continuelle *méditation de la mort.* Ces deux maximes, l'une du plus illustre des philosophes grecs, l'autre du plus illustre des philosophes romains, me paraissent développées ou démontrées (si ma mémoire ne me trompe) non seulement par leurs principaux interprêtes et commentateurs, mais encore dans la *Philosophie des gens de cour*, de l'abbé de Gérard, ainsi que dans le *Traité du Vrai Mérite*, de M. Lemaître de Claville, deux ouvrages que je n'ai pas revus depuis long-temps, mais qu'une plume moins obscure que la mienne pourrait tirer de l'oubli qu'ils ne méritent pas, et qui furent composés avec beaucoup de sens et quelque succès sans éclat, l'un sous le règne de Louis XIV, l'autre sous Louis XV. Eh ! quel moyen plus efficace et plus actif que la méditation chrétiennement philosophique de l'inévitable passage de la mort en Adam à la résurrection plus éloignée mais non moins notoire en Jésus-Christ, pour nous diriger et nous affermir dans les croyances et les vertus propres à nous faire échanger les variables et pénibles végétations de l'épreuve ou de l'exil terrestre contre les inaltérables et les ineffables délices de la future vie du ciel ?

O mes amis ! ma plume et ma voix sont trop affaiblies, et surtout bien trop profanes, pour vous entretenir plus long-temps des hautes et spirituelles matières sur lesquelles il me suffit de vous renvoyer de rechef aux grands écrivains ecclésiastiques, ascétiques et bibliques, entre lesquels je n'excepterais pas quelques-uns de mes frères malheureusement séparés de notre communion, tels que les Jacquelot, les Ostervald, les Saurin, et tant d'autres de diverses nations, y compris les Young et les Harvey dans leurs mélancoliques *Nuits* et *Méditations*.

Dans le TRAITÉ *du Vrai Mérite* que je viens de citer, dans la plupart des auteurs et livres, ou sacrés ou simplement ecclésiastiques que j'ai cités aussi, se trouvent les exemples, conseils, avertissemens, prévoyances et précautions propres à nous adoucir les plus fâcheuses amertumes et contrariétés de cette pauvre vie humaine, semée d'épines et d'écueils. Votre expérience et vos réflexions, mes chers amis, me dispenseront de m'appesantir et de vous fatiguer par une causerie trop longue sur ces tristes sujets ; ainsi, vu la suffisance et même la supériorité des volumes et des hommes déjà désignés, je ne vous en indiquerai plus d'autres que deux choisis l'un dans l'ancien paganisme au premier siècle de l'ère chrétienne, l'autre parmi les Français du seizième siècle.

Le premier n'est autre que Sénèque, peut-être trop loué par la Beaumelle, Diderot et Naigeon, son dernier traducteur, peut-être aussi trop censuré par Mallebranche, la Harpe et Grosier, lesquels n'ont pas toujours gardé l'indulgence et les égards dus à un homme qui, vivant dans un siècle de corruption, né dans l'idolâtrie, et ne connaissant peut-être rien du christianisme à peine naissant, par conséquent excusable de trop de scepticisme pyrrhonien, comme de trop d'orgueil stoïcien, nous a cependant laissé quelques beaux exemples, et plusieurs sublimes préceptes et pensées.

Le second est Montagne, philosophe français du seizième siècle, à qui, malgré les louanges excessives de mademoiselle de Gournai et de beaucoup d'autres, on a très-justement reproché (comme depuis au philosophe Bayle) d'imiter un avocat-général qui, d'un long et difficultueux procès, ferait un très-prolixe parallèle du pour et du contre, sans donner aucune conclusion capable d'éclairer ou de fixer les juges. Or, quelque fondement qu'il y eût à plusieurs des accusations de Pascal et de quelques autres hommes de grand poids contre Montagne, je souscris aux louanges qu'il reçut de plusieurs autres, dont l'autorité n'est pas inférieure à celle de ses critiques, et qui lui passent certaines irrégularités et légéretés en faveur de l'excellence de plusieurs de ses chapitres, notamment de celui qui concerne le sage théologien espagnol Raymond Sebonde, dont il nous a donné la traduction française en un gros et bon volume.

Quant à ceux qui ont outré leur critique à l'égard de Montagne, jusqu'à lui reprocher d'avoir consigné la filiation de sa famille remontée jusque vers 1400, dans sa branche sous le nom d'Eyquem tombé en désuétude, et remplacé, chez ses trois ou quatre derniers ascendans paternels, par le nom féodal de Montagne, il nous sera facile de le défendre et de guérir ou de préserver en même-temps la partie de ses lecteurs trop encline à se laisser trop prévenir en faveur des utopies révolutionnaires, imitatrices du *pandemonium* de Milton dans le *Paradis perdu*, ou des détestables mœurs, habitudes, lois, usages et gouvernement de ces égoïstes et sauvages Troglodytes, tels que les imagine ou les peint Montesquieu dans ses *Lettres persanes*, depuis leur chute ou corruption jusqu'à leur châtiment et leur conversion. Plutarque chez les Grecs, Cicéron chez les Romains, et nombre d'illustres dans toute la société chrétienne de toutes les parties civilisées du monde connu, m'ont persuadé que Montagne, Pascal, Arnaud d'Andilly, Fénélon, Descartes, Montesquieu n'eurent point tort, en certaines circonstances, de faire observer l'état de leurs ascendans ; et de nos jours, où la noblesse en France n'est plus qu'un danger, ils n'auraient fait de la leur aucun objet d'ostentation, de crainte, d'alarme ni de dissimulation, comme ces juifs terrorifiés qui, sans porter leur frayeur jusqu'à l'apostasie, la portaient néanmoins jusqu'à tâcher de faire disparaître les signes ou vestiges de leur circoncision.

Sans tomber dans une légéreté peu convenable à mon âge, et surtout aux sombres circonstances du temps, ma vieillesse se permet d'égayer la fin de cette bien sérieuse et trop longue lettre, par ce couplet qu'on fait chanter sur un théâtre français par un ambassadeur anglais au *Bonhomme Richard* ou Franklin (1). Ne le connaissant que par le feuilleton d'un excellent journal, et n'en sachant pas la musique, je l'entonne ou le fredonne tellement quellement, tantôt sur l'air : *Il est sorcier, il est sorcier* (avec retranchement des mots ou des vers *il fait tant, tant, tant, patapan*), tantôt sur l'air du réveil du peuple, et quelquefois sur celui de la chanson : *Moi qui suis l'amant le plus tendre et le plus gourmand du quartier.*

> Chacun parle d'indépendance,
> De bonheur et d'égalité :
> Vous aurez la paix, l'abondance
> Sous l'arbre de la liberté.
> Mais cet arbre que je propose
> De planter dans tous les pays,
> De son sang le peuple l'arrose,
> Et l'intrigue en cueille les fruits.

---

(1) J'ai dit ailleurs que pour bien juger la haute distance ou différence entre l'*insurrection* parfois excusable et la *révolte* toujours condamnable, il fallait examiner les causes et les commencemens de la prise d'armes : j'ai dit aussi la seule grande faute que je crois avoir été faite de la part de la France pendant la guerre de 1778 à 1783.

O mes chers neveux et petits-neveux, souvenons-nous que dès 1788 ou 89, l'orthodoxe et savant abbé Royou (1), notre compatriote breton, ne manqua pas d'adresser aux Français inventeurs, partisans ou plagiaires d'innovations ou de témérités politiques, l'écrit succinct et vigoureux qui, sans le fatal et trop épidémique tournoiement de tant de têtes, leur aurait démontré les inévitables résultats d'un fanatisme politique, toujours pire que le fanatisme religieux, en ce que celui-ci par fois se tempère lui-même, en nous mettant sous le pouvoir et les regards de l'Être suprême et tout puissant au nom duquel il croit agir et parler, au lieu que l'autre n'oppose aucun frein, contrepoids ou raisonnement à l'orgueil stupidement opiniâtre ou cruellement effréné des hommes impérieux et violens qui se passionnent pour leurs systèmes, erreurs et volontés.

---

(1) Son frère, que j'eus l'honneur de connaître dans le même temps, et qui déplorait aussi la révolution, a publié un bon Abrégé de l'Histoire du Bas-Empire ; ouvrage digne de souvenir, malgré quelques erreurs palpables sur quelques détails, entr'autres sur deux grandes circonstances des règnes des empereurs Constantin-le-Grand et Julien-l'Apostat. Le mérite et les bons côtés de Montesquieu font pardonner son engouement pour le dernier.

ERRATA. — Page 6, lig. 7 en remontant, mettez *en* entre *d'égards* et *a laissé.*

Page 8, au milieu des points avant l'AVIS AU LECTEUR. — *Observations.* Selon Helvétius et Locke, qui me paraissent avoir plus de raison sur ce point que sur certains autres, il est à propos de définir, quand on veut s'éviter les abus ou malentendus de mots. C'est avec cette attention que je me propose de renouveler encore plus clairement l'explication bien ou mal donnée par moi-même ailleurs, du seul vrai sens qu'il m'est impossible de trouver à l'expression hasardeuse ou hasardée de la souveraineté du peuple, expression qui ne me paraît pas assez juste et complète.

Je suis forcé, par le défaut de temps et d'espace, de supprimer ici ou de réserver pour un autre morceau, les hommages de la haute estime et de la profonde impression que m'ont données les sublimes et patriotiques plaidoieries, ainsi que l'énergique véracité de feu M. le ministre vicomte de Martignac, et de MM. les avocats Berryer, Janvier, Guibourg et autres, dans certaine cause d'importance aussi nationale que morale.

P. S. Voici ma réponse, nullement secrète, aux personnes qui, sans signer, m'assurent que nous jouissons des beaux jours de Trajan; jours heureux et rares, s'écriait Tacite, où l'on peut écrire et dire tout ce que l'on pense! Pour moi, sans compromettre les personnes, et moins encore la vérité, je crois m'abstenir également de l'indécence, de l'étourderie, de la malignité, de la pusillanimité, quand je ne blesse ni la vérité, ni le prochain, ni la bienséance, ni le devoir ou l'honneur par une attention constante à me conformer aux conseils de l'Ecriture-Sainte, dans l'examen, le choix et l'emploi du *tempus loquendi* et du *tempus tacendi.*

Messieurs, commençons par unir nos actions de grâces envers la divine Providence, à qui l'arrondissement que nous habitons doit l'honneur de pouvoir servir de modèle à beaucoup d'autres, par la sagesse de ses autorités militaires et civiles, comme par le bon esprit de la généralité de sa population.

Telles sont, Messieurs, les causes directes et sensibles des précieux restes ou débris de droits ou d'avantages alternativement ou successivement établis, perdus, recouvrés, et dont les plus marquans étaient cette concorde et ce calme dont il nous faut jouir dans toute leur plénitude avec confiance et modestie, sans tomber dans l'odieux et méprisable égoïsme qui nous rendrait indifférens sur le sort des arrondissemens ou départemens qui, par de cruels malentendus, sont devenus beaucoup moins tranquilles et plus troublés qu'on ne l'est dans cette portion des coutumes et des contrées dites *de sapience.*

Honneur, Messieurs, aux médecins de l'ame et du corps qui, sans autre intérêt ou mobile que l'amour de Dieu et du prochain, s'empressent de porter guérison, secours et consolations de toute bonne espèce aux épidémies morales et physiques. (*Voyez* l'orthodoxe et remarquable brochure de M. de Bellemare, intitulée *le Fléau de Dieu.*)

Aussitôt qu'il vous plaira, Messieurs, de me faire connaître vos noms et demeures, je tâcherai de satisfaire aux importantes et délicates questions que, sans ce que vous me découvrez de votre excellent esprit et de votre noble caractère, je pourrais juger témérairement n'être pas exemptes de témérité. C'est à vous que je m'en rapporte sur la convenance d'y comprendre ou d'en excepter celles qui concernent soit le système de l'apothéose de l'insurrection, soit le principe de l'anathème de la révolte, et d'abord :

« Vu l'inquisition de campagne et de ville;
» Vu la mauvaise foi de maint récent Tinville;
» Vu les emportemens d'un grand peuple agité,
» Dites-moi, bons Français, où gît la liberté ? »

Pardonnez, Messieurs, la subite et courte improvisation de ce chétif quatrain, que, pour son excuse ou son passeport, je fais suivre de ce beau vers de M. Soumet :

« L'air de la servitude est mortel au Français. »

Et comment des concitoyens tels que vous, Messieurs, repousseraient-ils les épanchemens d'un vieux et fidèle vétéran de la chevalerie, de la littérature et de l'administration française, qui n'a jamais cessé d'être zélateur du vrai patriotisme sans injustice et sans tyrannie, comme de la vraie liberté sans licence, désordre et duplicité. Ce 20 juin 1832, triste anniversaire ou souvenir d'un jour où la faction régicide, nationicide et liberticide coiffa d'un bonnet rouge la tête auguste qu'elle fit tomber neuf mois après sur l'échafaud où tant de scélérats bourreaux envoyaient tant d'intéressantes victimes, j'invite mes chers et respectables concitoyens munis des moyens, du mérite et de l'influence qui me manquent, à réclamer de la magnanimité royale l'accomplissement d'un vœu qui me paraît à la fois national, politique et moral. Ce vœu tendrait à l'amnistie ou l'abolition de toutes les accusations, poursuites et procédures relatives à nos discussions et perturbations révolutionnaires, depuis le jour de St.-Louis 1829 jusqu'au 8 juillet 1852, deux termes dont nul bon Français ne s'avisera de faire un crime à celui qui, sans manquer jamais à ce qui lui a paru vraie justice et vraie liberté, s'est toujours soumis de bonne grâce et de bonne foi à l'ordre imposé par la divine Providence, à laquelle il ose recommander le bonheur de sa patrie plus ardemment que son intérêt personnel.

Dans les brochures annoncées par le préfet, seront quelques mots concernant les illustres bretons Châteaubriand et Kergorlai. Un rameau de la maison du dernier a vécu en Normandie depuis environ 1520 jusqu'en 1700.

Que d'aigreurs et de malentendus de toutes parts n'auraient pas eu lieu si les passions et préventions n'avaient pas fait oublier les grandes distances ou différences entre l'*arbitraire* odieux et nuisible dans toute espèce de république ou de monarchie, et l'*absolue* que des hommes du plus grand poids regardent comme inhérens à tout gouvernement sage, doux et ferme. *Voyez* au moins à ce sujet, 1° la *Politique tirée de l'Ecriture-Sainte* par Bossuet, et 2° la *Quotidienne* du 27 août de l'année qui m'échappe en ce moment. *Gloria Deo, pax hominibus.*

Vte. DE TOUSTAIN-RICHEBOURG.

FIN.

Havre, Imp. de CERCELET.